第2詩集

어머니 정감어린 향기

云瑞 張基雄

홍익출판사

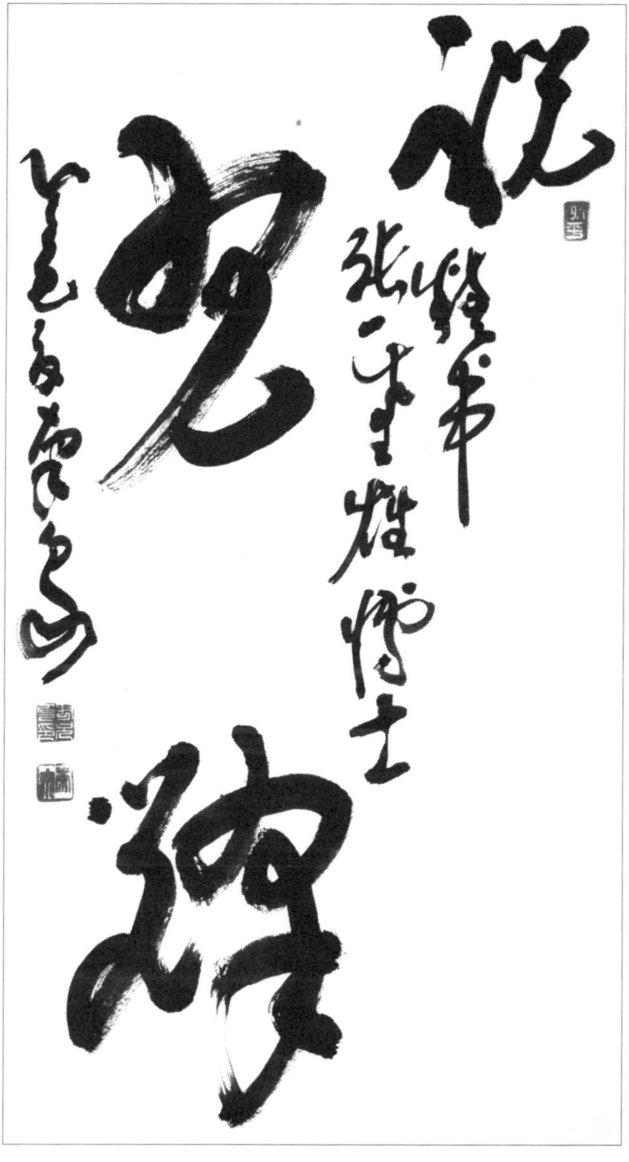

祝 精書 張基雄 博士
光　 輝　癸巳夏 南泉

自序

따뜻한 감성적 삶과 감미로운 선율旋律

바람개비처럼 돌아간 세월 속에서 삶의 근원(根源)을 찾아 살아온 것이 벌써 팔순(八旬)을 바라보는 격랑(激浪)의 세월을 가로질러 뒤늦게 퇴색된 기억 흔적을 돌이켜 보는 마음의 틈새를 다시금 돌이켜보면서 따뜻한 어루만짐으로 아득히 간 세월들을 황홀한 맞이로 오늘을 음미(吟味)하여 보고 싶은 신선한 충격으로 다가온다.

다시금 잠시나마 인생이란 중량감에서 오는 삶의 무게를 내려놓은 일상의 처소에서 질긴 인연(因緣)으로 운명처럼 만난 그 소중한 이들의 정겨운 모습들도 지금은 옛 형상의 편린(片鱗) 같은 존재이지만, 내겐 문신(文身)처럼 못내 지워버릴 수 없는 한없이 티 없는 맑은 영혼들이어서 기억 흔적에 남아 있는 그리움의 정신풍경(精神風景)으로 각인(刻印)된 이름들을 눈물겹도록 가슴이 저며 와도 만날 수 없는 안타까운 심경의 갈피를 정리하여 풀어헤친 사유(思惟)의 편린(片鱗)들을 낱낱이 모아 이렇게나마 조심스럽게 지난날 되새겨 보며 느낀 향수와 애환(哀歡)을 세 권의 시집으로 분류하여 담아내고 엮어 보았다.

이토록 강물처럼 덧없이 흘려보낸 삶이란 희로애락(喜怒哀樂)의 동고동락(同苦同樂)을 틈틈이 이어온 관계 층위(層位)의 심상(心像)이기에 물안개에 가려진 아득한 정신풍경을 실체가 명백하게 고정되도록 잠시 전의식(前意識)의 따뜻한 감성(感性)으로 눈물겹게 삶의 장단을 '느림의 미학(美學)'으로 낮게 추슬러 보면서 조국을 위해 숭고한 희생을 더욱 짓밟은 일제 강점기의 정책으로 선산마저 빼앗긴 원통함을 손자인 네가 되찾으란 선몽(先夢)은 너무 고통스러워 이제야 시집을 내면서 세상에 알려 한(恨)을 풀었으면 하는 것이 내 나름의 소박한 소망이다.

감히 한꺼번에 시전집 형태로 『조국을 빛낸 성좌(星座)』(제1시집), 『어머니 정감(情感) 어린 향기』(제2시집), 『물꽃이 세월에 애원(哀願)한들』(제3시집)을 세 권의 시집으로 묶어내게 됨을 독자 여러분에게 많은 이해를 바라면서, 다시 한 번 삶을 뒤돌아보면서 지금까지 부족한 저를 위해 도움을 주신 고마운 분들에게 글의 모두(冒頭)에서 깊은 감사를 드립니다.

2014년 4월

云瑞 張基雄識

●● 축간사 ●●

김 원 중

(한국문인협회고문 · 포스텍명예교수)

동토를 벗어난 희망의 계절 봄을 맞아 장기웅 시인의 처녀시집 『조국을 빛낸 성좌(星座)』(제1시집), 『어머니 정감(情感) 어린 향기』(제2시집), 『물꽃이 세월에 애원(哀願)한들』(제3시집) 한꺼번에 세 권의 시집을 간행하게 됨을 먼저 축하 말씀을 드린다.

책을 낸다는 것은 반가운 일이다. 더구나 장기웅 시인은 팔순을 앞두고 처녀시집을 세 권이나 한꺼번에 낸다는 것은 여간 힘든 일이 아닌데도 용기를 내어 세상에 선을 보이게 하였으니 참으로 축하할 일이다.

제1시집 조국을 빛낸 성좌(星座), 제2시집 어머니 정감(情感) 어린 향기, 제3시집 물꽃이 세월에 애원(哀願)한들.

원고를 읽어보니 독립운동가 장윤덕 의병대장 조부님에 대한 남다른 뜻 깊은 관심을 가진 것은 일제말살정책으로 조부님의 영혼의 자리 선산을 빼앗긴 것이 원통하고 억울해서 세상에 알리고져 『조국을 빛낸 성좌』란 시집을 낸다는 것은 참으로 존경스럽게 생각한다.

그리고 아직도 그리워하는 어머니에 대한 사랑 글을 쓴다는 것은 남다르다.

시 내용에도 내재된 다양한 소양(素養)을 풀어내어 접목시킨 건축사와 철학박사답게 건축, 주역, 음악, 스포츠, 사랑의 정결, 시조 등을 자연스럽게 매치(match)시켜 다재다능하게 쓴 것이 돋보였다.

특히 축척이 남긴 족적은 콘텐츠(contents)도 좋고 장시인의 팔순의 앞둔 역정의 열매가 아닌가 거듭 축하의 말씀을 드린다.

장기웅 시인을 처음 만난 것은 몇 해 전, 한비문예창작대학에서 첫 인연을 맺었다.

장시인은 이미 건축사로서 대구광역시건축사회 회장과 대학에 출강, 철학박사로 명망이 높은데도 구태여 시를 공부하겠다고 한비문예창작대학에 찾아왔었으니 참으로 반가웠다.

공자님 말씀대로 "나이 들어 가장 즐거운 것은 공부하는 것이다."고 하였는데, 장시인은 더구나 시를 공부하겠다고 하였으니 어찌 대견스럽고 존경스럽지 아니 하랴.

그 이후 장기웅 박사는 열심히 시 창작에 매진하여 문단에 데뷔까지 마쳤었다.

그리고 간간히 소식을 들었으나 이렇게 많은 작품을 남길 줄 몰랐었다.

희망의 계절에 이 시집이 봄날처럼 따뜻하게 독자들의 가슴을 적시기를 바라며 거듭 축하드리는 바이다.

2014년 4월

●● 축사 축원의 글 ●●

박 해 수
(시인, 문학박사)

오매불망(寤寐不忘), 오매불망(寤寐不忘),
팔순에 잠 못 드는 시인의 열정(熱情)과
시심(詩心)을 뜨거운 가슴에
비문(碑文)으로 새기는 시집 세 권

장기웅 시인의 시집 『조국을 빛낸 성좌(星座)』(제1시집), 『어머니 정감(情感) 어린 향기』(제2시집), 『물꽃이 세월에 애원(哀願)한들』(제3시집) 세 권의 시집이 동시에 상재(上梓)된다.

정말 뜻 깊고 장하신 일을 하셨다.

장기웅 시인과의 교분은 2008년 여름 대구 반월당 한비문학 사무실에서 첫 만남이 이루어졌다.

건축사이시고 박사학위를 가진 지성적인 건축가로서 대구 경향각지에서 혁혁한 건축설계와 감리로 사회에 많은 봉사와 헌신을 해 오신 분이신데, 칠순 중반에 만남이 팔순이 오는 길목에서 이제 만학(晩學)으로 시의 길, 시인의 길로 다가오셨다.

장기웅 시인은 나라 잃은 설움과 한을 나라에 바친 장

윤덕 의사의 손자이시다.

조부님의 뜨거운 민족혼 조국애의 열정과 혈통을 이어받은 장기웅 시인은 조부님의 애틋한 민족혼과 애국혼을 잊지 못하여 오매불망(寤寐不忘) 그리워하는 마음으로 첫 시집 『조국을 빛낸 성좌』는 장윤덕 조부님을 그리는 애틋한 손자의 시정(詩情)과 그리움을 엮어 시혼을 아로새기고 있다.

시집 『조국을 빛낸 성좌』에서 조부님을 그리워하는 손자 장기웅 시인의 애틋하고 가슴 에이는 아픔을 노래한 시 귀절이 있다.

지고지순至高至純한 애국 애족 정신
할아버지처럼 지켜 늘 잊지 않은
조국애祖國愛의 후대後代다운 손자가 되어
겨레 위한 참사랑에 가름하오 나니
영원무궁 하소서 영원무궁 하소서

※ 영민靈悶 : 영혼으로서도 근심걱정 하신다는 뜻

영민의 세계에서 조부님과 손자가 교통하는 절절한 시이다.

시인의 조부님에 대한 공적을 요약해서 설명 드린다.

“장윤덕(張胤德) 의사는 1872년 7월 6일 경북 예천군에서 통정대부 장재안의 장남으로 태어나 일찍이 한학을 닦아 예천군 수서기를 지냈다. 1905년 12월에 을사늑약이

체결되어 국권을 상실할 위기에 이르자 이에 비분강개하여 국민들에게 항일구국사상을 고취시키고 친일반역행위를 엄단하겠다는 경고로써 민중들의 각성을 촉구하였다.

1907년 4월에는 분연히 일어나 일제의 침략원흉인 이또오히로부미(伊藤博文)를 비롯한 매국적신들을 살해하고자 서울로 올라왔으나 배신자의 밀고로 실패하고 고향으로 피신하여 다음 기회를 노리다가 7월에 격문을 각지에 발송하고 300여 명의 의병을 규합하여 의병진을 편성하여 의병장으로 활약하였다.

주로 풍기, 봉화, 문경, 용궁, 예천 등지에서 활동하였으며, 그해 8월 27일에는 의병 300여명을 인솔하고 풍기일경분파소를 습격하여 일본인 1명을 사살하고, 31일에는 봉화분파소를 습격하여 건물을 불태우기도 하였다. 또한, 9월 3일에는 문경읍을 습격, 일본인 2명을 사살하고 일인의 가옥을 소각시켰으며, 10일에는 이강년, 민긍호 등의 의진과 합세하여 1000여명의 의병을 이끌고 문경면 갈평리에서 경찰대 및 수비대와 격전하여 적 3명과 한인 순검 2명을 사살하고 적을 격퇴시켰다.

동년 9월 12일에도 예천읍을 습격하였음은 물론 16일 300여 명의 의병을 이끌고 대구수비대를 격파하고자 상주읍을 습격, 일경의 자위단과 교전 하였다. 이 전투 중 대구수비대 다나카(田中) 대위가 1개 중대를 인솔하고 출동하여 격전이 벌어졌으나 중과부적으로 의병진은 무너지고 장윤덕 의사는 총상을 입고 체포되었다. 체포된 후 이

송되어 혹독한 고문을 당해도 굴하지 않고 스스로 혀를 끊고 함구하며 항거하다가 1907년 9월 16일 상주군 함창면 구향리 뒷산에서 총살을 당하니 향년 35세의 일기로 조국 앞에 거룩한 생애를 마쳤다.

경북대학교 교정에 장윤덕 의사 기념비가 있고, 묘소는 예천군 보문면 수계동 보문산에 있으며, 박정희 대통령 친필로 묘비명이 각인되었다.

정부에서는 선생의 공훈을 기리어 건국훈장 국민장(1968. 3. 1)을 추서하였으며, 건국훈장 독립장(1990. 12. 16)을 추서하였다."

조부 장윤덕 의사의 꿋꿋한 뜻과 열정을 이어 받은 장기웅 시인은 보따리 보따리에 시를 껴안고 범어동 한적한 식당에서 보따리를 풀어 놓고 시의 숨결, 시의 영혼을 풀어놓고 있었다.

2014년 만물이 싹트는 봄을 맞아, 장기웅 시인은 이제 웅혼대담(雄渾大膽)한 조부님을 생각하면서 조국을 빛낸 성좌와 어머니의 정감 어린 향기, 물꽃이 세월에 애원한들 한 생애 삶의 편력과 삶의 애환을 팔순이 되어 못다 한 애환과 아쉬움을 세월에 애원한들 무슨 소용이 있으랴. 빼앗긴 조부님의 선산과 잃어버린 민족애환의 수난사 가정사를 시로 표백하고 있다.

늦으나마 이제 장윤덕 의사(義士)는 손자인 장기웅 시인으로 하여 부활(復活)한다.

시의 혼이 뜨겁고 시의 열정이 뜨거워 고인이 된 장윤

덕 의사(義士)의 영혼과 장기웅 시인의 살아 있는 영혼이 세 권의 시집으로 다시 만난다.

언제 어디서 무엇이 되어 다시 만나랴? 조부는 독립투사, 독립의사(義士)로 손자 장기웅 시인은 시인으로 조부와 함께 뜨거운 영혼으로 포옹하고 껴안고 살을 부비며 한 세기를 흘러가는 길목에서 뜨거운 시의 영혼으로 다시 부활하고 다시 만난다.

어찌 아름답고 뜻 깊은 일이 아닐까. 회자정리(會者定離), 회자정리(會者定離) 시로서 다시 만나는 아름다움 역사의 아름다움 혈연의 아름다움이 아니랴. 민족혼 우리의 아름다움이 아니랴.

장기웅 시인의 시집 세 권 동시 상재를 두 손 모아 축원(祝願), 축하(祝賀)의 글을 가슴과 심장에 모아 함께 드린다.

2014년 4월

目次

제1부 입술에 머문 꽃말이 열리네

제2부 가슴 적신 그때 그곳 다시 그리워

제3부 꽃사슴 님 그리운 뿔질처럼

제4부 꽃다운 청춘 다시 피우자

제5부 옥타브를 타고 마음 노래 밤을 가른다

제1부

입술에 머문 꽃말이 열리네

어머니 정감情感 어린 향기

어머니 정겨운 그 이름에
왈칵 가슴 저며오는 공허함을
못내 그리움으로 달래어 본다

늘상 가슴 따뜻한 깨우침으로
지혜롭게 살라던 어머니 잠언箴言은
세월 벽 물발에 부딪쳐도
불러보는 흐느낀 심사心思로
그렇게 많이도 흘러서 왔다

풀어 헤진 치마끈 졸라매신 몸으로
밀방아 찧어 채로 치시어
밀가루에 콩가루 반죽하셔

안반 위의 홍두깨질 하신
그때 그 모습 아련 아련 마음에 맺혀
아직도 또렷이 그 형상은 눈에 아리 운다

밀가루 정성껏 뿌려 다시 밀어
날렵하게 가지런히 썬 칼질 소린
다시 보고픈 여울져 어울린 환상의
그리운 미련 엮인 몫으로 남아

지금도 울컥 생각나는 그때 그 손놀림
다시 보고파 억장 내려앉는
정감情感 어린 결정체의 절정은
체취 묻어나는 맛깔스런 솜씨로 이어져

또다시 어머니 보고픈
뜨거운 한스런 눈물 어리운 애달픈 하소연은
포근하게 보담아 길러주신 사랑의 손길
체취 묻어난 젖가슴에 파고들어 안기고파

목숨처럼 소중한 어머니를
겨울 초입初入에서 나직이 불러보다가
동지섣달 긴긴 밤 지새워 빛바랜 영정影幀 앞에
다시 한 번 흐느껴 목 메이도록 불러본다

언제나 그대 사랑

그대여
나를 그리워 넋두리친 눈물
잠시 멈춰주오

그대 영원히 잊지 않으려
내 가슴 속에 녹아 흐른 사랑한 나날들
언제나 나직이 그대 사랑이라 부르리다

비록 몸은 멀리 떨어져 있을지라도
마음은 구중심처九重深處

그대 곁에 있다는 사실이
아름답게 꽃핀 뼛속 깊이
언제나 그대와 함께 있사오니

힘들더라도 노여웁다 하지 말아주오
곧 다가가서 환희의 손잡아 드리오리다

그곳 그길 위에서

교모를 썼던 반세기 세월
그때로 몸이 가누인다

대북을 메고
북소리 드높인 그곳 그길
그 운동장 그곳으로 간다

큰 것만 유독 좋아했던 그때
스자폰을 힘겹게 메고
시선을 집중하라

팔일오 광복 기념행사장
그곳으로 즐겁게 호흡 몰아
힘껏 불며 발맞춰 걷던 신작로新作路
그때 지휘봉 잡아 눈 모은 손
아련한 그날 그 자리로 자꾸만 간다

다시 한 번 그때로 가련 것은
청춘의 기백
더 높이 더 활기찬 기상 보여
그때 그님들 다시 눈 맞이되어
고운 눈길에 심어지고 싶다

언제 그런 날이 되돌아오리오 만
이따금씩
되돌아보는 환상에 젖은 학창시절
꿈속에서 고운 꿈 엮어내어 본다

고향의 흙

보슬비 오는 날엔
내 고향 갈리다

내 마음 갈기갈기 찢기 전에
내 고향 갈래다

타향살이 그 얼마라도
고행한 고독 벗어

따뜻한 내 고향
흙을 만져 인사 하리다

어버이 삶 터전 꿈에 어리운 곳
이 몸이 날아가고파
그리워하던 내 고향 가리다

잎눈에 머문 별

봄이 머문다
나뭇가지 잎눈에서 머문다

엄동설한에 매섭다한 추위
물러난 기쁨

뿌리가 기지개 펴
고운 잎새 돋아나라

봄비를 기다려 반겨
즐거운 잎 노래하라 할 준비
땅속에서 움직여 보인다

봄 기다린 하루 하루
꿈결 같은 맞이되고파

울창한 숲 속

산바람 골바람
높은 산 깊은 계곡

여름 더위 몸 놓을
너와 나의 쉼터

물길 트인 바위길
명경지수明鏡止水

흘러 흘러 흘린
울창한 숲 속
산새 노래 매미열창

돌아오는 계절마다 들려주듯
신비한 아름다운 자연

그 골짝 바위 폭포
옷 벗어 던져 폭포수 맞던

그때 그곳
왜 이다지도
그리워 그리워하는지

어느새 내 마음은
그 바위 폭포 속에 숨어들어 가
사랑 꽃 꽃사랑 피우고 있네

여기가 어딘가

여기가 어딘가
숲이 어울려 숨결 모으는 곳

여기가 어디인가
바위타고 흐르는 맑은 물소리

여기가 어디 메인가
싱싱한 청정淸淨

허파꽈리가 좋아라 하니
얼굴에 닿는 산뜻한 바람
적송이 뿌려준 향기인가

너들 너들 한 번뇌煩惱
저 멀리 저 멀리 벗어난
신선이 자리한 무량도원無量桃源인가

그 자리 눈빛

꿈이었던가
다시 꾸었으면
밉지 않을 텐데
아늑한 그 자리 그 눈빛
뼛속을 파고든다

미련은 괴로움 싫어
마음 설렘으로 살아가고파
끈질긴 인연의 끈 그대 곁으로
자꾸만 부드럽게 부지런히
몸도 마음도 가고 가온다

그대 오라 부른다

물결이 인다
물결이 일어선다
그대 오라 부른다

내 사랑 마음속에 빛
함께 하란 조용한 일렁임
작은 풀잎 배 되어
아득 아늘 뱃놀이하란다

봄으로 가는 계절 여울목에서
사랑 가난을 면하란다
하고 한날 푸름
그날의 깊은 물색처럼

짝사랑 된 미련

그리워 찾은 연못 위 나비
사연 사연 얽킨 사연
한恨 풀어 다정 하렸던 연꽃 맞이
간밤에 숨어버려
힘들게 찾아온 헛날개짓
한숨이 터져 나올 쯤
연못 속에 묻힐 이슬이
바람결 타고 날아와
다음 기회란 남김에
잡초 꽃 위에 앉자
헐떡이는 몸
이젠 모두가 미련으로 남을 뿐
서산 넘는 해 따라 몸 가늠 한다

건반 위 손가락

양 손가락 건반 위에 머문다
고른음 맞춰
옥타브를 탄다

은구슬 금구슬
물방울 구르는 음색

높은음자리표 낮은음자리표
자리 지켜 순항에 뱃길 열 듯
협화음 골라낸다

함-마 헤드에 얻어맞은 현
그 울림이 귀속에 들어와 머문다

오선지 위 음자리표

들려오네 들려오네
마음에 와 닿는 멜로디
귀에 머문 음색

오선 위에 음자리표 그린 손
그 아름다운 선율 남긴 님 체취
그 멜로디 귀에 들린 순간
살아 숨 쉰 숨결이 살갗처럼 살아나네

그리고는 둥실 뜬 보름달맞이
그리고는 둥실 뜬 보름달처럼
네 마음 그렇게 되어
오선지 선율 위에 노래로 떴네

이런저런 설레임

생각에 짚여 모은 곳곳
계획 세워 갈 곳이라
이런저런 설레임

오늘일까
내일일까
하지만 아니었네

마음에만 빼곡할 뿐
환상을 그려놓은 생각 그림

여행이란 예행연습
한해가 저물어
몇 해가 손마디에 맺히네

주둥이에 맺힌 설음

왠 종일 비가와도
굶주림엔 아픔일레라
고통 벗어나려
기웃거려 먹이 찾음

한 마리 까치는 살아남으련
발자국 새김
번들거린 풀잎까지
삶이 고달프게 보이겠구려

언제 어떻게 생을 마감할까는
모르는 처지이니
주둥이에 맺힌 설음
오늘만이라 하리
오늘만이라 하리

진달래꽃에 꽂힌 눈目

가산산성 나들이 등산로에
수줍은 소녀처럼 미소 지은
진달래꽃 향기 나를 유혹하련가

이 마음은 자연의 멋스런 풍경 속에
은근한 너의 색깔에 빠져들어
발걸음 멈춘다

홍안紅顔의 눈으로 신기하게
바라본 너의 꽃술은
이제 와서 진달래 순정을 알 땐
너는 벌써
나의 친구로 내 입술에 닿는다

곧장 걸어라

걸어라
걸어 걸어 땀 흘려라
헐떡거린 호흡일랑
잠시 쉬어도 괜찮다

가는 길은
가는 길엔
숱한 사연 있더라도
고란 고란히 걸어가라

마음에 뜬 춤
허수아비 되어도
발걸음 춤을 추어라
오늘이 가면
오늘을 만질 순 없다

모교는 영원永遠하리

- 母校 100週年을 맞으며 -

모교母校 100주년 기념행사란 전달에
그 간에 모아둔 아련한
그때가 깃발 되어 팔락인
신묘년辛卯年 칠월 만감萬感이 교체된
이 마음 저 마음 칠순이란 고비 길이니

어린 시절 얼굴들이
할아버지 할머니란 호칭
마음은 동안童顔이나
몸은 어스러진 삶에 흔적痕迹

그러나 저러나
고요가 찾아드는 시간엔
지난날을 헤어
어린 시절 학동學童이란 이름 위에
이내 마음이 서성인다

찌들게 가난한 그 시절에
동족상잔同族相殘이란 육이오동란
교실은 폐허되어
이곳 저곳 노천에 이동한 공간 교실
그래도 그때가 아쉬운 그리움들

어디 하나 잊어
그 얼굴에 눈 웃음빛 지어 있으리
보고 싶은 충동은
삶을 위해 흩어진 객지생활
그러나 잊었다는 것은 되려
그리움이 뜨거웠네

단발머리와 고무신
무명바지저고리와 치마
한때 초근목피草根木皮란 흉년凶年

그렇게 가난하게 살아도
순수한 마음이 단맛 난 그때 인심
어리 둥둥 세월이 가도
자못 한자리로 가는 꿈길

흑응산 아래 가교실
추위에 떨고 더위에 지쳐도
마냥 즐겁다한 그때 놀이
아련이 아련을 잡아 업고 안아
그때를 어루만진다

한천 맑은 물빛
그 물속에 첨벙 들어가 멱 감고
피라미 잡아 좋아라 웃음 지은
그때가 손에 집혀 간지럽다

나에 집 하무실에서 지고개 넘어
서부학교 정문을 들어설 때
눈에 들어오는 운동장
떵그렁 찡그렁 들리는 종소리
팔순으로 가는귀에 쟁쟁하다

헐레벌떡 교실에 들어가
미술 준비물 잊어 마음자린 눈치인데
선생님께서
"너는 왜 아무것도 없니" 하실 땐

회초리가 무서워 눈물 찔끔 흘려도
그래도 그때가 좋았다는
지금에 와 느낀 단상斷想

회초리 면한 숨죽인 시간
그 스승님이 지금은 보고 싶은
간절한 마음 다시 돌아든다

얼음장 같은 점심 도시락 움켜쥐어
발발 떨면서 고드름 같은 밥 먹은
한겨울 가교실이
어쩜 그리도 한 조각 마음에
그림 그려 못 잊을까

봄 여름 가을 겨울
계절 따라 살아온 고향
일엽편주一葉片舟로 치닫는다

친구야 친구야
학예회 단막극單幕劇 그 자리 그날들
봄 가을 원족遠足이라
마음 설레어 손잡아간
학교 반경 그린 곳이

고등교육을 받아
사회생활 이것저것 다 해봐도
소꿉장난 그 시절이
어찌 그리도 소중한가를
새겨 새겨 마음에 핀 자리 뜰어
그때 향기라 맡아 본다

육년 지기 여학생
말 한번 건너지 못한 남녀유별
그 시절 그 얼굴 그 얼굴들
지금은 너나 할 것 없는 노년이나

아스라이로 가는 인생길에
무리수無理數를 띄워
이름을 새겨 불러
어떻게 사니 물어보려는데
어디서 삶 자리 펴 있는지
궁금증만 감돌아 솟는다

가을 마다 운동회 땐
연필이나 공책 받아
싱글벙글하던 모습들
지금 다시 모여
운동장 한 바퀴 돌고 싶구나

이제사
옛은 옛이 되었지만
지난날을 휘어잡아
굶주려도 그때로 가고 싶다

친구야 다시 모여
그때 꽃말 나눠
자치기 제기차기 말 타기
숨바꼭질 즐겨나 보자

소맷자락 깨지래 하게 묻은 땟물
너와 나 할 것 없는 같은 모양
손등이 터진 어더덕 피 멍든 손
그래도 저래도
마음속은 순진이 더한 순백純白이 모습

한량없이 그때가
다시 돌아오라 외쳐
하늘가는 구름에 대답하라 하고 싶구나

이제는
이제는
멀리 간 그때라 하렸지만
하지만 가깝기만 한 마음에 그림

지난날이 가여워서
고향하늘 별을 쳐다보다가
울적한 심상心傷에서
졸업장 받은 그날 생각에 깊이 빠져

마음에 갈등을 피력披瀝하여
보고 싶은 얼굴 점찍어
동그라미에 눈동자 그려
입술을 예쁘게 그때라 도색한다

어찌하리
어찌하오리
마냥 그리운 삼매경에 빠짐을

친구야
다들 편안한 삶 자리에서
더욱 건강하라 기원 하온다

이제 우린 모교 100년 역사
그처럼 우리 삶 이어가자꾸나

고무신 양손에 쥐고
바짓가랑이 걷어 붙여
운동장 몇 바퀴 돌아보고 싶어

헐떡거린 가슴
숨결이 고달파도
마음만이 동동 뜨는구나

흑응산 토성 뛰어다닌 발바닥
서악사西岳寺 뒷산 오르내린 팔다리
남산 공원에 올라
학교를 바라본 그때가
손에 잡힐 듯 멀구나

다시 그때를 불러 봐도
메아리로 되돌아올 뿐
고운 마음 고운 말
나직한 목소리 들리지 않는구나

이젠 어허라 할뿐
마음 꽃이 피었다가
자꾸만 시들어 버린다

백년이란 꿈자리
곱게 아름답게 찬란히
영원무궁永遠無窮하라 마음 기워
두 손 모아 발아發芽하라 기원한다
모교母校여 영원 영원하라

신의信義

정 나눈 호형호제呼兄呼弟
사랑은 사랑으로
나눔은 나눔으로
변치 않는 신의信義

인생은 어차피
희노애락喜怒哀樂에 접합이 아니냐
세월 굴레에
빛바랜 몸

옛 모습으로 거슬러 올라보는
감회感懷어린 희수喜壽
도란 나란 도닥거린 믿음

서로를 아껴준 넉넉한 사랑
님은 영원한 못 잊음
소중한 꽃자리는 꽃님 자리라
입 모아주리 오리

하늘가에 칼 달

벌써라 한다
칼 달이 서성인다
그렇게 밉게 보진 말란다

나날이 더하는 날
둥근 달 사랑을 잉태하여
풍만한 아우림
모든 이에게 밝음 줄란 다란다

그리고는
되돌아오는 한 달
그때 다시 만나
못다 한 정 나눠
사랑으로 가련 다란다

봉사와 사랑

자신을 희생한
봉사와 사랑
실천하는 님

하늘 아래 으뜸
지구촌 으뜸이란
하얀 순백

생명의 고귀함을 가꾼
향기 우려낸 아름다운
내 몸 던져

기쁨이 있다면
밤낮을 불사한 곧은길
소외된 음지생활 저변 살펴

쓰다듬어준 따듯한 손길
춘하추동 억겁(億劫)세월
님은 영원한
봉사의 상징이오리

늘 푸름 (시조)

늘 푸른 소나무는
늘 푸름 좋아 라는데

인간은 어찌하여
속고 속이려는가

변함없는 양심은
삶이란 아름다움인데

제2부

가슴 적신 그때 그곳 다시 그리워

그 시절 그립소

어느 누가
아장걸음 첫발 다를 바 있으리까
어버이 사랑 담뿍 받아
좋아라 웃음 지은 천진한 모습

첫걸음 한발 두발
그 시절이 그 시절
받기만 한 사랑에 웃음 지음
다시 돌아가고 싶지만

세월 굴레에 벗어날 수 없어
하소연 핀 넋두리
어버이 그리워 불러보는 오늘에 칠순

꽃다운 마음 향기

얼마나 좋고 좋으리오
늘 함께한 미소

만남 그리고 헤어짐
다시 만나고 싶은 충동衝動

보고 싶음이 노들거림
그대와 함께 할
마음속에 핀 영원한 환희

꽃다운 사랑향기
쉼 없이 피고 필래다

하늘과 땅 사이
서로를 아듬어 갖춘
한뜻 한길 마음 열기熱氣

윤회輪廻

산골짝 물소리
너는 어디에서 왔다가
흘러가는 소리소리 였드냐

먹구름 머문 하늘에
하얀 구름 되려
쏟아낸 해산解産이 아니더냐

그렇다 다 그렇다
왔다가 가고 다시 돌아오는
자연 순환은 삶의 윤회라

별스럽게 느끼다가도
전혀 무관심無關心한 태연에 묻히다가

돌고 돌아오는 계절의 변화엔
삶의 모양 엇바뀌었더라

네 삶의
순환이란 윤회가 그렇게 저렇게

봄나들이 꽃말

아기가 즐긴다
봄을 좋아라 맞는다

손끝에 닿은 봄바람
눈目가에 매친 기쁨

봄나들이 꽃말 나불나불
버드나무가지 잎새 뜬눈처럼

어버이 따라
즐거운 발걸음

잔디 위에 발자국 새겨놓아
서녘하늘 바라본다

물안개 핀 계곡

푸른 산 안개 묻은 골바람
깊은 계곡 높은 산
여름 더위 겨냥한 대자연 쉼터

물길 트인 바위속살 드러낸
명경지수明鏡止水 흘러내리는
숲 속 깊은 계곡 귀문 뚫는
님 향한 매미의 열창

계절마다 천년의 의상으로 장식한
자연 현상은 아름답게 빛난
그 계곡 바위 폭포에

가슴 적신 그때 그곳 다시 그리워
어느새 마음은 은밀히
사랑 꽃 하나 가슴에 안아 피우고 있네

숲 속에 어울린 삶

그렇게 저렇게 묻지는 마오
곧게 자라고 싶음
어느 나무가 싫어하리까

볕 따라 오르려다가
앞서가는 나뭇가지에 밀려
세속에 나이라는 나이테 그려놓은
삶이란 모양새이오니

난초 잎처럼 곡선 멋 그려있는
멋이 담긴 슬기라 보아주소서
물소리 새소리 듣고 파도
들을 수가 없는 형태이나

해맞이 달맞이는 익히 알아
별빛에 속삭인 이슬 머금은 아오니
곱게 보아 주는 눈目이나 모아주오

그가 그린 그림

잊었다 되돌아 살아난 괴로운 상처
어찌다 말로 표현 다 하오리요
그가 그린 그림 미쳐버린 사랑 일기

삶이 다하는 날까지
씹고 씹은 자기 방어 미화美化
눈 속여 마음 속인 행동실천行動實踐
오직 혼외정사婚外情事 선바위가 될 상징

그 사람

그 사람
그 사람
바닷가에서 만난 얼굴

어제 오늘
깊게 깊게 생각나
내일은 넓게 보일 차례

이 마음
어찌 안정 찾으리까

새들이 알면
비웃어 날아왔다 갈 것 같은데

바다여
모래톱이여
이 마음 어쩌면 좋으리

나를 반긴 너

너였구나 너였구나
나를 반겨줄 코스모스 꽃
가을이 왔다는 알림
곱게 핀 순결이었구나

반겨주어 고맙다
서슬 퍼런 세월이
나를 불러 어디로 가자는데
코스모스 너를 맞이하려
등 돌린 한 해였다

소리 벗

얼기설기 까치집에도
봄빛이 들란 가
겨우살이 어려움에

지겹다 짖던
나뭇가지 남녘
밀려오는 봄소식

아지랑이 까치눈
밟고 집히는 날
이곳저곳 날아날아서
님 사랑 덧붙이려
목청 돋우리

산 넘어 친구
강 넘어 소리 벗
무리지어 모이는 날
겨울 보낸 고통
벗어났다 하리

신토불이 문화

옛이 살아있는 멋을 보았네
방짜유기 전시실
우리 겨레 역사
청동기 유입에서 철기시대
삼국 통일신라 고려 조선
근대까지 이어온 식생활상
장인들이 만든 살아있는 숨결
식탁문화 슬기로운 옛 향기
활짝 핀 문화 꽃이었네

가을 다람쥐 I

다람쥐야
아직은 너의 계절 아니다
도토리 익을 때까진
힘겨운 굶주림

추석맞이 준비할 쯤
굶주림 면할 풍요로움
도토리가 익어 떨어진다

부디부디
그때까지 역겨워도 기다려라
가을바람 부는 날
우수수 떨어지는 도토리 주어
너에게 참사랑 나눔 선물 할란다

가을 다람쥐 Ⅱ

다람쥐는 좋겠네
반겨 달려온 가을
도토리와 알밤
가득가득 채워줄 즐김 맞이

이제 곳
삶에 뜻
삶에 사랑

오손이가 도손이를 업어 안아
기쁨에 꽃수레라
타고 다닌 나뭇가지
사랑의 매개체媒介體 출렁다리 되어

넘어 넘어 기쁨 나들이
솔바람 위 건너뛰어
사랑의 예찬 부르오리니

삶은 삶이다

그래 그렇다
양지 삶터 음지 삶터
삶은 삶이다
살다가 보면

게으름 피우지 않고
삶을 진정 삶이라 할 때
바뀌는 자리 있으리니

삶의 끈 놓치지 말라
허둥댐은 고요를 물어갈
덫이 도사려 기회라 한다

님은 진정 다한 으뜸

어제도 오늘도
한결같은 마음 사랑
평생 그렇게 살리란 한길 한 사랑

한 숨결 한마음 실천
님은 삶에서 자애慈愛를 터득한 도량
늘 봄날 같은 따스한 나눔
어느 누가 쉽게 닮으오리

자나 깨나 하나 된 뜻으로
봉사에 집중된 눈길로
미래지향 어루만져 이끈 손길

님은 진정 다한 으뜸으로
사랑과 존경을 받는 자애慈愛로운 몸
늘 기쁨 가져 행복한 웃음 지어 살리오리

수수만년 미소

여기
옛이 살아 숨 쉰다

실눈 뜬 석가여래상
팔공산 갓바위

중생은 아미타 가려
마음 다듬은 선仙추구

하늘 아래 산 위
선의 구도를 품어낸다

발길 모은 눈目길
삼배로 두 손 모은 참배

수수만년 한자리 지킨
중생들에 삶 깨달으란 미소

진정 사람답게
살라는 무언의 가르침

생각 짧아 몰랐네

사랑한다 하기에
내 모든 것을 다하였는데
나를 야속케 할 줄 몰랐네

내 마음
소란 소란 앗아간
못난이가 비웃을 줄이야
생각이 짧아 몰랐네

바보는 연약한 내가 되었고
사술詐術이 비웃는 웃음
그렇게 묶어 놓을 줄은
생각 밖이라 예기치 못했네

이내 마음
언제 잔잔히 핀 웃음 될지
원망의 굴레에 묶여
그저 삶이라 연명 이은
답답이가 되어 이내 설움 눈물겹네

청춘은 가고

그 사람 목소리 들릴까
어제 오늘이 길어진 몇 년
그 몇 년 돌아 돌아
강산 변한 넋두리

꽃자리 님 자리 찾아
행여나 만날까 한 달음박질
가도 가도 뛰어도 걸어도
꽃자리 님 자리 머무는 허전

모든 것이 한 시절
그때가 잡힌 마음 붉음
청춘은 가고
늙은 몸 한가운데
그때라 새겨 솟네

문지기 호령한 곳

얼씬하지 못할 자리
감히 감히
평민이 자유롭게 찾음
자유와 평등 주권재민
절대왕권이 몰락한
법 앞에 평등
경상감영공원이 피식 웃겠구려
문지기가 호령한 이곳
돌아 돌아온 세월이
그래도 인권존엄 키웠구려

겨레 뿌리내린 날 (시조)

오늘은 시월삼일
겨레 뿌리내린 날

이어 이어온
한겨레 정신계승으로

홍익인간 펼쳐 살란
겨레사랑 뜻 모은 기념일

제3부

꽃사슴 님 그리운 뿔질처럼

젊음의 한 날은

덧없이 흐르는 세월의 강물
그의 목소리 들릴까
어제 오늘이 길어진 몇 년

낮은 산자락 휘돌아
강산도 변한 삶의 넋두리

행여나 만날까 한 달음박질
꽃그늘에서 숨어 가슴 저리던
아련한 기억의 빛나는 편린片鱗

꽃자리에 머무는 허전함에
아! 모든 것은 한 시절

그때가 잡힌 마음 붉음
바람처럼 그렇게 청춘이 간
늙은 몸에 역겨운 애한哀恨
아직도 가슴엔 뜨거운 피 흐르데

어찌할까
어찌 란 건지
못내 아쉬움은 새벽이 시작된다

마음 가는 길

마음 가는 길
길 지킴이 가라 하니 가오
서라 하니 서오
좌로 우로 줄 곳 가라 하니
가고 가오 마음 가는 대로
몸 따라가더니

한때 어둠살이 포장길
옛 마음이 간질거려
고맙다라는 마음 인사
가슴 저미며 미끄럼 타듯
앉아서 가오

꿈에도 더듬거려 보았던 기쁨
오늘 나를 꽃피우게 했네

기쁨 씹어 넘기려
옛님들 생각 눈에 삼삼 떠올라
되새겨진 마음 끈이 가는 길을
내 몸이 따라
내 마음 가는 길 따라가오

열린 문턱

하늘이 열리는 문턱
넘을까 말까

최고란 자리 앉을까 누울까
늘 푸른 생각
그대 향한 마음인데

칡넝쿨은 어찌하여
내 손발 묶으라 하는 건가

태평연월太平年月이
캄캄하게 서러워
꿈꾼 자리라 하는데

어쩜 그리도
늘 푸름은 아득하게 먼가

꽃이 필란가

파계사 골 골에
잎이 필란가
꽃이 필란가
물소리 도란도란

곱게 들려오는 바람소리
멧새 소리 모아
봄 씨알바지 할란가

고즈넉한 산 아래
숨소리 조용조용
파계사 아홉 골에
꽃이 필란가 잎이 필란가

가을 보금자리 빛

달려가오리다
달려달려 당신 향해
줄그어 아릿아릿 가오리다

가을 가을바람에
알콩달콩이 되어
조용히 다정을 수놓아
보금자리 빛
은근히 밝혀 주리오리다

옛 옛에 그려 놓은 기억
그 가을 길
그때라 손잡아
그 느낌 감미롭다
나직이 귓속말 하오리다

순간에 취한 꿈속

걸상에 기댄 몸
고운 잠 들었으니

지친 몸 추슬러
매진하려는 재충전

단잠 자는 그 모습
너무나 천진한 고요로움

늘 푸른 잎새처럼
한결같은 자연스럼

순간에 취한 꿈속
희망 향해 기지개 펴리

삶에 동반자

그대 이름 부른 따스한 목소리
이제는 다정의 탑 쌓아
다정을 업고 안은 여보라 부른

그 속엔 일심동체
한자리 한울타리
한솥밥에 마주한 식탁

영원한 벗 삶에 동반자
이 세상 다하여
저 세상 함께할 엮음

애틋한 젊음 가슴에 담아
다시 되고픈 초연初緣에 사랑
나도 몰래 노랫말 다시 트네

보고 싶은 벗

수평선 위로 내려앉는 낙조落照
정다운 친구와 동행한 그날
뜨거운 피 청춘은 아름다웠기에

그때 밝은 웃음 지은 얼굴
마음은 온통 뜨거운 정으로
보고 싶은 충동의 무언無言인데

삶이 분방한 일상
쫓기는 시간의 층계
그 같은 불안의 망설임에

세월이 안겨준 노병老兵의 훈장이란 몸
다시 돌이킬 수 없는 지난날
그때 강물 흐름이 아쉬워

까닭 모르게 묻어나는 옛 생각
흘려버린 격랑의 와중渦中 속에서
아름다웠던 청춘 어디가 찾으려나

여명黎明에 눈 비벼

계절은 청춘을 실어
언제 어디서나
그 얼굴엔 기쁜 날 있듯

먼동이 트면
여명에 눈 비벼
소꿉장난 숨바꼭질

그 순간 그 시절 지나
청춘이란 나이

꽃사슴 님 그리운 뿔질처럼
음양에 조화 찾아
늘 그 자리 맴돌레라

원두 향

바다 건너 남녘땅에 맺은 열매
손 거쳐 볶아 찧은 향료
접하고 접한 입에 닿은 맛

때론 입맛 다셔 향기로운 찻잔 그윽
어쩌다가 이젠 신토불이처럼 된 원두

뉘를 만나도 거부감 없이
유연하게 받아들이는 친숙한 이름

습관이 관습을 넘어 정좌한 입맛
후식에 곁들인 낯익은 차림표

흘러간 그 자리

하늘 한자리 머문 구름처럼
우린 그렇게 모여 동고동락한 얼굴들
세월 벽에 부딪쳐

서로를 의식한 그 자리 떠난
옛이 된 그날들 술래 잡이로
새로워진 기억엔
언제 다시란 중얼거린 말 속에
그리운 면면들

이제 다시 그 자리
되돌아갈 수 없으니
나눈 옛정만 오롯이 남아
보고 싶은 생각 짙인 순간마다
아쉬운 넋두리 마음에 그리네

우리의 슬기

도란이 이은 기와
우리 슬기 우리 멋
이어온 멋스런 모양
옛이 밝힌 고고한 숨결
우린 우리를 이어온 겨레의 창조

이제사
우리 슬기 세계가 알아주어
대한민국 으뜸 위에 으뜸
지구촌이 부러워 찾아드는 물결
아름다움 위에 향기 있는
우리 겨레 만만세 일레라

발길 닿은 마음 길

가파른 돌계단 길 따라가는
발길에 닿는 마음 길은
숨결이 헐떡여도 헐떡여도

마음 길 따라 합장하려
힘겹게 오른 한발 두발은
기도도량祈禱度量에 안락安樂하게 닿아

춘하추동 한결같이
속세에 찌들은 삶 밝게 살라는
인자한 부처님 미소 앞에

마음 비워 엎드려 기도드릴 때
보름달이 살며시 등 위에 내려
이내 몸 어루만져 주었네

옛 정적靜寂

부귀영화의 자리
이제 옛 이란 정적만 남아
여기가 그곳이라 던진 말

그 속엔 권세란
강인한 칼바람 앞에 숨죽여
살아온 옛님들 생각

오롯이 떠올라
그때란 감회어리운
골기와 추녀 끝에 눈 맞춰
긴 한숨 그때를 연상케 하네

하얀 순결

내 이름답게 피려는 색깔
순백을 너울너울
봄볕 즐겨 피었네라

하얀 순결
님들 위한 표출
때 묻지 않게 살라
이어져 보여준
뜰에 핀 순정어린 목련

조용히 살아가는
봄볕 받아 안은 순결
맑은 달빛 기다려 반긴
네 꽃 마음일레라

그 시절 파장波長

옛이 바람결에
물결 춤을 추자 떠민다

언제나 같은 자리
한마음 한울타리

흑판에 모은 눈
동그란 토끼 눈처럼
긴장된 그 자리 그 교실

옛은 한자리 핀 마음이나
몸은 벌서라 져 민다

그래도 기우는 그 시절
장난꾸러기 손들

입소리 가깝게 들려
꿈자리 새벽을 열어 놓는다

뜨거운 사랑

나에 환상 깃든
뜨거운 사랑이
꽃불이 되어 피어나는데

그대는 어디에서
사랑의 불꽃 혼을 피우는지

나비 너나마
흔근히 젖어 흐른
그대 향해 향기 머금어

사랑 노래 부르는
내 마음 사랑 끈일랑
너의 촉수로 전해다오

삶의 원형

희망 안은 새해 새날 맞이가
시간에 떠밀린 나날 연속에서
한 달이 모여 한해를 보낸
아쉬운 아련이 채 가기 전에
다가선 새해 새날
맞아 보낸 나날이
삶이라는 굴레 돌린 구획
그 얼마나 맞이하여 보낸 그 속에서
일희일비와 희로애락 점철點綴이었던가
아무리 벗어나려도
생노병사는 삶의 원형原形이니
늘 송구영신은
끝없는 희망이란 절규絕叫였네라

아름다운 희망 (시조)

아리운 꿈
아리운 꿈 낳은 사랑 사랑

당신 위할 꿈 사랑
가슴깊이 심고 싶어

한평생 내 당신에
뿌리내려 사오리다

기다림 (시조)

잔설 밭 갈 까마귀 돌아 넘는 고갯길은
푸른 꿈 간들간들 간지러운 숨결 소리
보고픈 그 님 그 벗들 언제 다시 만날까

먼 하늘 한 바퀴를 돌고 돈 보고픔이
생각에 젖고 젖은 옛 님 모습 그리워져
수심에 그늘진 몸은 언제쯤 벗어날까

산등성 저 멀리서 배회하는 검은 날개
그리도 많은 사연 봄이라는 길목에서
어느 뉘 만남 되려는 설왕설래일까요

제4부

꽃다운 청춘 다시 피우자

첫사랑 당신

사랑한다
사랑하련다
첫사랑 당신을

꽃길에서 꿈길에서
향기와 숨소리 함께란 길
곱게 곱게 가련다

어여쁨 마음에 담아
내가 기댄 삶

당신의 자린 꽃자리
아름다운 사랑 자리에
첫사랑 향기 한없이 뿌려

내 마음 꽃밭에 쉬다가
당신의 꿈자리에서
자장가 부르오리다

신천둔치 봄

내 가슴에 숨어 있던 겨울
어느새 태양 속으로 퍼져 나간다

겨울 몸 기지개 펴
신천둔치를 쓰다듬는다

둔치에
하나둘 모여
미소 지은 인사

주인 따라 나온
견공犬公들도
이리 뛰고 저리 뛰는
즐거운 나들이

물 위에 오리들 소리
봄이라 외쳐 들림은
나를 봄으로 이끌어 올린다

남풍이 불어오는 날

춘설春雪이 자진 골짝에도
아지랑이가 형 아우하면서 찾아들겠지

남풍이 불어오는 날
겨우네 잠 깨어나
새파란 잎눈 피어올라

잔잔한 물결 위에 배 띄워 보이듯
님들에 인사
봄이 왔다 하겠지

산등성 활엽수 겨울 울타리
파란 모습 드러내어
살아있다는 모양은

봄 향기 물큰 난 새잎사랑
봄바람 타고 있다 보여주겠지

가고픈 고향

푸른 하늘 푸른 마음
강산 변한 일곱 해
고향 생각은 한결같건만
어찌 다가 흰머리 눈부시게 되었는가

앞 뒷산 님 부르는 매미 소리
텃밭 고추잠자리 은빛 날개 반짝임
그 세월 내 마음속에 있건만

타향살이 그 삶에도
어머니와 손잡아 걷던
골목길 그리워
가만 가만히 꿈길 사뿐히 걸어
고향 토담 정겹게 토닥여 만져보련다

오늘만 날 이드냐

다정을 노래한 평생지기 벗이랑
팔공산 동봉에 숨 가쁘게 올라
먼 산 바라 볼제
모두가 발아래라 내 손에 집히네

땀에 젖은 배낭 벗어
옛이야기 정담 나눠
음료수 한입 걸친 마음속 풀이
이것이 곧 신선이라 입 열었네

물소리 나뭇잎소리
산새들이 흘린 사랑소리
상큼이 와 닿는 공기를 두고 떠남은
아쉬운 발걸음이지만
해는 어느덧 서산에 머물었구나

가슴 따뜻한 친구야
싫어도 하산할 순리오니
오늘 만남만이 날이겠나
조금 남긴 아쉬움도
다시란 미련 될 테니

내일 모레 저 모레 쯤
너랑 나랑 다시 만나
등골에 찌든 땀 흘려
새로운 건강 챙겨
꽃다운 청춘 다시 피우자꾸나

구름 동산 서녘 노을

등고선이
그림 같은 올록 볼록이 위에
구름 동산에 노을빛 들어
하루 해 넘는다는 꽃구름

등에 진땀 식혀주는 상큼한 바람에
앉은 자리 가까이
까치 소리 드높임은
밤으로 이어진다는 예령豫令

둥지에 맞닿을 깃
사랑에 깊어질 님 부르는 외침
산들바람 코스모스 군락 스쳐
안녕 안녕이라 아리 운다

함께 할 맞이

꿈길로 꿈길로
다정히 손잡아
함께할 맞이
눈가에 꽃이 핍니다

보슬비 같은 속삭임
그날그날 되련 기대
밤마다 이어지라

손가락을 만져
손끝에 따뜻한 정 맺힌
숨결 고루어 나눕니다

새겨진 정

해질 무렵 날아가는 새
둥지 찾아 님 반기렸겠지

돌아 돌아가는 사랑의 순례
님 향한 일편단심

오직이란 새겨진 정情
둥지에 핀 오가는 사랑
뱃놀이 사랑놀이

고결한 꿈 아련한 굴레
숨결 모은 정다운 삶
꿈속에 꿈속에 살리란 희망

바닷가 그 자리

해당화 피는 자리
바닷가 그 자리
님 손잡아 갈라네

몸은 비록 늙었으나
추억이 또렷한 곳

서로가 좋아
발자국 사랑 남긴 곳

푸른 바다 위 갈매기놀이
그날이 다시 되고파 피고파
발걸음 닿아나 볼라네

꽃 웃음

봄을 건네
봄을 건네
신천둔치를 건네

사람들 걷는 모습
삼삼오오 꽃이 되어
봄을 맞네

꽃이 피네
꽃이 피네
마주본 미소가 꽃이 되네

다정하게 오가는
꽃 웃음
입술에 머문 꽃말이 열리네

마음 품팔이

회양목 울타리 사이로 보이는
빨간 의자 뉘를 반기려 기다리는가

곱고 고은 새악씨
그 체취體臭 반기렸던가

멀리서 가깝게 가깝게 오는 발자국 소리
나그네가 눈 맞아 취해
얼얼한 가슴앓이

보아도 보아도 싫지 않은 모습
반겨 맞는 앉은 맵시

눈여겨 도란거리고 싶음
마음 공간에 새악씨가 들어앉네
주위에 서성인 마음 품팔이

크게 이루련 꿈

꽃은 꽃이라
향긋한 그 향기 따라
벌 나비 모여들었지

장닭이 우는 것도
암탉이 꼬꼬댁 소리치는 것도
다 의미 있는 소릴 내라

크게 이룸
무엇이 다르오리
긴긴날 두고두고
참뜻 기린 사랑의 그림이라지

숨어 쉰 숨소리

가끔은 뉘 시였고
반김은 뉘 심인가
푸르름 더한 싱그러움
꽃수레 위에 꽃 두레
숨어 쉰 숨소리
이제사 들어냈구나

얼마나 긴 나날에
세월 풍상에 젖어
짙은 푸름
되렸던 꿈이더냐
심은 정 기른 정에
은혜롭게 보답하련
늘 푸름 되렸구나

저 멀리 간 나날들

삶은
삶은
나비었네라

삶을 위해
이곳저곳 날아다닌
삶이란 한계에서
마냥 오늘이라
심혈 기울였네라

이런저런 감회感悔도 잠시
인생 회오悔悟는
한 토막 마침표로
오늘이 저 멀리가고 있네라
저며 드는 어둡살이 황혼길

빗장에 걸린 발걸음

더 이상 갈 수 없소
주머니에 먼지만 들어있어
지폐 달라는 빗장엔
돌아오는 발걸음

무거운 비통
어디 가나오나 씀바귀 맛
속세나 기도 도량이나
돈에 길들인 독사毒蛇

물처럼 바람처럼
그렇게 살라 하는데
둥둥치는 쇠북소린 뭔가

봉사와 헌신

– 박용택 이사장의 삶의 거적巨跡 –

님은 아름다운 삶의 화신化身
공직생활을 시작으로
이곳저곳 조직체 필요한
인재人才로 등용登用 받아
가는 곳마다 남긴 업적
주경야독晝耕夜讀 마다하지 않았네

몸부림쳐 달려온 한 마음모아
심기일전心機一轉한 몸부림
모든 이에 찬사와 격려로
한 몸에 지닌 결과는
고진감래苦盡甘來의 성공한 쾌거快擧
모두가 우러러 보네

팔순八旬을 바라보는 연륜年輪에
오늘이 있기까지 고매한 인격은
불철주야不撤晝夜 주위를 보살펴
모두를 위한 봉사의 빛이었고
보람 있는 헌신獻身이었네

그분이란 칭송 지극한 선善의 행적行蹟
오로지 생명외경生命畏敬의 삶을 살아온
한 시대의 실천궁행實踐躬行한 철인哲人이었네

고향에 풀밭

풀잎은 친구였네
고향에 이곳저곳
손끝 발끝에 닿은 풀잎
잔디 위에 누워
별자리 찾아본 자리마다
풀잎은 나의 벗이었네

소 꼴삐 잡은 손
이랴 이랴 소 몰아
싱싱한 풀잎 찾아
장구통 같이 되란 그날들
눈앞에 아련 아련
그때 풀들이 손짓하네

봄 오는 소리

봄이 오는 소리
눈 녹아내린 계곡
맑은 물 부딪침에도
진달래 밭은 아직 잔설인데
버드나무 꽃
살며시 돌아 만져 보란 시늉
바람결로 흔들리네
꽃뼛 솟은 칼바위
계곡 지킴이는
꽃이 핀다는 알림
언제 흔들어 반겨 줄란 가

만추晩秋 (시조)

무서리 스쳐간 날
마지막 잎 떨어질 땐

추억이 고스란히
뇌리를 어루만져

내 마음은 앙상한 가지
끝자리 매달리네

제5부

옥타브를 타고 마음 노래 밤을 가른다

발자취

먼 산은 나를 보고 무어라 할란가
솟아 오른 시멘트 건물
층층이 밤빛 있건만

내가 원한 맞춤형 아니니
무슨 말 내가 하겠는가

그저 마른 풀잎이 바람결 타고
나를 반긴다 하니
그나마 다행이라 할리다

그럭저럭 살아온 발자취
다시 찾아봐도 보이지 않음은
나의 삶이었나 보다

내 마음 살펴주오

힘들게 하지 마오
제발 제발
어렴풋이 잊어
나날 더해 옛사랑 잊어주오

당신은 내 삶에 거울이오니
내 면전에서 고개 돌리지 마오
속이 녹아내린 가슴앓이
이내 마음 굽어 살펴주오

까만 눈망울
아들 딸에 무어라 변명할까요
멍하니 하늘 쳐다보는 눈엔
눈물 고여 손발 저려드옵니다

봄 뜰에 볕

움츠린 고양이 털에도
봄이 오려는가 보다

목에 낀 숨소리
아지랑이 잡아

목 씻어낼 기다림
봄이 오라는 소망인가 보다

오리다 기어이
봄 뜰에 볕

기다린 봄

오는 봄 기다린 개나리
노란 통꽃 피련 일념

이제 막
봄다운 봄이라
꽃망울 맺어

살며시 볕 따라 즐김
청춘이라 피려네

죽은 듯이 보낸 겨울
봄바람 타고 흔들림은
오직 기다린 봄이었네

오월의 장미

계절의 여왕 오월이여
흐드러지게 핀 장미꽃

너의 정열 그 눈부신 사랑에 순결
청순 지키련 환상의 빛깔
그 꽃향기 내음에 취해

어느새
내 심장은 간지럽게 고동쳐
마음 설레고 설레어
시리도록 설렌다

한결같은
너의 향기 어리운 사랑
가슴속에 소중히 담아
영원한 꽃 사랑으로 안아 살리

밭고랑 형제

들깻잎 참깻잎 이름으로
형 아우 한 밭이랑
참깻잎은 어디로 갔나

자리한 흔적만이 홀연한데
어디로 뉘 손에 들어갔나

들깨 역시 언젠가
자란 흔적만 남긴 채
황량荒凉한 밭이랑만 보여줄 차례

다가오는 추석秋夕에
어느 님 입맛 다셔 고맙다 할지
가고 오는 인고忍苦의 세월 속에
그런 면면綿綿이 도사려 이어가리

주어진 공간 놀이

빗방울에 말끔히 씻긴 한낮
고추밭은 빨간데
고추잠자리 보다
메밀 잠자리 떼 지어
제비 오라면 오라
마음껏 공간 배회하는 놀이
곧 된 서릿발 내릴 땐
움츠렸다 나뒹구는 신세지만
주어진 삶의 기회
만끽이라 즐겨 놀이 놀이 몸짓
내킨 대로 다하는 가 보다

흘러내리는 내 눈물

그리움 맺힘 눈물
사모思慕로 시작한 보고픔

유리벽 타고 흐른 빗방울처럼
흘러내리는 내 눈물

참아도 참아도 흐름
어쩌면 되오리까

가난한 사랑은 목말라
만남을 원하는데
어쩌면 되오리까

어제 오늘도 스침 없이 지나가는
물안개 밀어 올리는 바람처럼
그저 막연한 기다림을

생명 끈

억수장마에
푸르름 잃지 않은 나뭇잎
생명 끈 용케 지탱하였으니

삶의 자리는 불멸이라
언제까지나 그렇게 보여주렴

늘 구름 머물러
소낙비 수난만 있으리

바람이 오는 날엔
밝은 빛 잎새마다
맑게 살라 할리니

극한에 몸부림만은
심려 벗어나려무나

하늘 아래 삶
언제나 희비는 곁에 맴돈다

비록 나뭇잎에만 국한된
응달에 삶이었더냐

모두가 때가 되면
생사가 엇갈린 이별이더라

님 향한 길잡이

천장에 그려진 은은한 갈색
내 마음에 들어있는 깃털 그림

님 향한 길잡이 겸손하게 살자
약속한 첫사랑 언약 와 닿는 무늬

환상에 젖어 희망의 노래
보금자리 따뜻 성취로 낳네

빗금 그린 만남

유리벽에 닿은 빗방울
내 마음에 둔 만남

보슬비 봄맞이
봄맞이 보슬비
약속한 그날이
오늘 되나보다

서로가 지켜
만남이라 약속했지만
나날의 변동인가
세월 이동인가

만남은 빗금 그어
옛만 동그랗게 남았네

청포도 송이송이

한 계절 위한 기다림
청포도 너를 반기련 꿈
가까워질수록
숨 가쁜 아기자기 기대감으로

청포도 송이송이
알알이 영그는 모양
손에 쥐고파 삼삼히 일어선
꿈결에 심어둔 희망

이제 곧 닿는 가까움
청춘에 꿈이 열려
알알을 만져 사랑이라 맞을란다

발길

대숲을 지나
오엽송 길 가는 발길
도토리 주어 보련 미련 앞에
가을 잠자리 떼
계절은 나를 조소嘲笑 하련가
떼 지어 어지럽게 눈앞 가리네

성큼 다가선 가을 햇살
나락 논 메뚜기 쌍쌍이 날갯짓 한창
그 들녘의 전경 눈앞에 가지런한데
이 몸은 도심에 묶인 신세타령
생각에 묻어난
개미 떼가 내 발등 오르내리네

오늘이여 안녕

오늘 땡 오늘 땡땡
내일 여명 반겨 맞이

가로등이 둥지님
찾아가란 점등

아쉬운 밤 나들이
어쩌면 좋으리

하루살이처럼
다하지 못한 일필휘지
꽃 가르마 타고 싶은 손길을

작은 산자락 산바람이
볼기짝 때려 가라가라네

타향살이에 꽂힌 몸

타향살이 정착하여
터전 이룬 삶의 자리까지
꿈 이루련 일편단심一片丹心
이제나 저제나 한 것이
고향보다 정 나눈 지금의 인연들

하지만
생각에 꽂혀 있는 그리움은
어린 시절 새겨놓은 발자국
그때가 뇌리에 감돌아 엮인다

이제 희수喜壽를 맞아야 할
다가서는 나날의 몫
고요한 밤엔
살아온 그날들이
옥타브를 타고 마음 노래 밤을 가른다

되살아난 기억

그 세월이 좋았네
그 계절이 아듬어 안아준
그날이 포근해 너무나 좋았네
말없이 서로 쳐다본 그 시간
약속한 듯
되살아나는 기억
그때라 하기엔
너무나 마음 애처로워
손가락을 깨물어
어찌하나 못 잊음을
이대로 보내는 세월이
너무너무
비참한 참상慘狀이라오

세월아

무정타
너무나 애달다
덧없이 가는 세월아
너 어찌 그리 야속하냐

내 님 얼굴 주름살이나 덜어나가지
매정하게 소리 소문 남김없이
오늘 오늘 넘어
이토록 밭이랑 된 얼굴
서로 마주 보며 눈물짓게만 하느냐

봄맞이 나들이 손잡아
위로하여도 슬프다 푸념한다

세월아
님의 넋두릴랑 덜어가 다오
세월아 세월아
제발 님 넋두리 벗겨다오

겨울 갈대

꽃은 죄다 어이하고
바람에 꽃대만 간들거리는가
갈대란 이름 너도
계절의 변화에 어쩔 수 없구나

싱그럽게 바람결 탄 모양
겨울 마감한 삶이었구나

다시 보란 듯 잎 돋음질 할
봄맞이 기다린 뿌리지만
그 순정 그 자리 지킴을
얄랑거린 갈대라 하랴

짝사랑 변辯 (시조)

봄바람 님 바람은
이내 가슴 어루만져

고요한 이내 마음
흔들어 사라질 제

지금도 추억만은
그때로 달려가 울고 싶네

■ 시집 해설 ■

조화로운 잠언적 교시敎示와 생명기호의 통신

– 장기웅 시인의 따뜻한 예감과 감동의 회복 –

엄 창 섭
(김동명학회 회장, 국제펜클럽한국본부 고문)

1. 물상에 대한 응시와 언어의 분별력

일찍이 대니엘 고들립은 자폐증을 앓고 있는 외손자 『샘에게 보내는 편지』 글에서 "우리는 네모나게 태어나서 둥글게 죽는다." 라고 기술하고 있다. 인간은 자기모순일 수도 있지만, 타인이 자신의 사고를 고집하면 편견을 지니고 완고한 것으로 매도하면서도 자신의 입장을 합리화하는 정황에서 '신념이 강하고 단호하다.' 라며 자기변명으로 일관하는데 익숙하다. 차지에 다행스러운 것은 한국문인협회의 회원으로, 철학박사이며 건축사로 폭 넓게 활동 중인 운서(云瑞) 장기웅 시인이 팔순을 바라보는 연륜에 그 자신의 정신적 생산물인 시집의 간행은, 물상에 대한 응시와 언어의 분별력을 인식한 결과로 일상의 감동을 회복할뿐더러 삶의 교시를 신선하게 안겨주기에 더 없이 유의미하다. 까닭에 "맑음 향한 발걸음 마음 길/ 서서히 오르막 올라/ 하늘에 뜻 기려 어루만져/ 모든 것 비워 놓은 채 바람처럼 걸었네.(맑음 향한 마음 길)"에서와 같이 삶의 일상에서 감동을 회복시켜주는 고독한 정신적 행위는 새로운 양상으로 태어나고 변모할 수 있는 멋진 일이기에 눈물겹게도 감사할 일이다.

소박한 평자의 주장이지만 비열한 이기주의가 팽배한 현대사회는 새삼 역사의 정체성과 문화인식의 안목과 확장이 요청되기에 국가나 기업, 그리고 개인은 치열한 경쟁의 후기산업사회에서 살아남기 위해서 '노왓(know-what)'이라는 기업문화(목적의식)의 인식과 미래상품의 개발에서 원천적 힘이 되는 문화인식의 새로운 이해를 위하여 모름지기 시적 상상력을 확장해 나가야 한다. 아울러 보다 생명력 있는 현대시의 생산을 위해서도 활력이 넘쳐 날 창조적인 에너지(Golden Brain)를 지속적으로 추구할 일이다. 그러나 보다 자명한 것은 "우연의 일치가 아닌/ 까치의 정확한 건축기술/ 바람서리에 불변/ 삶의 영속 곳곳에 이어짐/ 지혜 모은 둥지 섬세한 모양/ 그 속에 삶의 노래 사랑의 노래/ 춘하추동 이어있네.(삶의 영속永續)"처럼 소중한 삶의 일상에서 모국어의 속살을 소통의 도구로 삼아 부단히 '뜨거운 삶의 노래는 거슬림 없이' 감동을 회복시키는 의미 있는 정신작업으로 이행되어야 한다.

이 같은 현상에 비추어 따뜻한 예감의 시인 장기웅 박사가 역사의 정체성(identity)을 각인시킨 경고성 메시지에 해당할 시전집에 해당하는 제1시집 『조국을 빛낸 성좌(星座)』, 제2시집 『어머니 정감(情感) 어린 향기』, 제3시집 『물꽃이 세월에 애원(哀願)한들』을 통하여 혼돈 속에서도 시적 상상력을 놀랍도록 확장시키며, 삶의 지혜를 격조 높은 느림의 시학에 대한 예증은, 정신작업의 종사자에게 시대적 소임을 이행하는 집념으로 해석되어진다. 아울러 "차마 그 시절이 다시 오라지만/ 소망이라 나불거릴 뿐/ 지난날이 까물거려/ 그때여 다시 돌아오란 느낌을/ 손가락에 비벼보네.(어리둥절 보낸 기회)"에서와 같이 역사와 실존, 우정과 애정, 과거와 미래, 감각과 의지를 소통의 도구로 지식층의 몰이기주의적 행태를 인상 비평적으로 평가한 폭넓고 다양한 심층적 이해와 접근은 새로운 의미로 명증되기에 「조화로운 잠언적 교시(教示)와 생명기호의 통신」이 정신작업의 조망(眺望)으로 논의되기에 결코 부족함이 없다.

2. 예언자적 잠언과 감동의 회복

공허한 자위나 도로(徒勞)일 수도 있지만 평자는 정신작업의 종사자로 짧지 않은 시간대를 비교적 순수서정시의 창작과 시적이론에 몰두하여 왔다. 비교적 밝음 추구의 미래지향적인 장기웅 시인은 현실에 안주할 팔순을 바라보는 연륜임에도 즉물적 현상에 머뭇거림이나 주저함을 거부한 긍정적 사고의 실체이다. 그는 21세기의 화두인 '더불어 함께'라는 공동체 의식(inter-being)에서 비롯된 '보다 미끄러짐의 詩學'에 근거하여 현대시의 창작과 실제에 도움을 줄 수 있는 텍스트의 필요성을 절감해 오면서, 오랜 날 누구나 스스럼없이 등을 기댈 수 있는 버팀목이 되어 주는데 일에 열중해 왔으며, 현재에도 상처 받은 영혼을 치유(healing)하는 시인의 역할분담에 놀랍게도 충실하고 있다. 장기웅 시인의 이미지 형상에 있어 "제도판 위에서/ 손에 스켈 쥐어/ 축척·확대를 반복하면서// 티T자와 삼각자 맞대어/ 수많은 선을 긋고 자르고/ 새로운 공간을 구축하련 손놀림(축척이 남긴 족적足跡)"이라는 형사(形似)에 충직한 독자는 제도판 위에서 반복되어지는 그만의 삶의 흔적을 쉽게 발견할 수 있다. 어디까지나 그의 지극히 생산적인 정신작업으로서의 시 쓰기는 '언어의 집짓기'로써 설계를 위한 제도판 위에서 치열하게 반복되어지는 복잡한 갈등구도의 정화를 위한 고뇌의 결과물임을 파악할 수 있다. 까닭에 서정적 인자가 가라앉은 선율로 장식되어 일상의 감동을 회복시켜주는 진지한 정신적 산물로서 모순·혼돈의 통로를 거쳐 이행되었음은 쉽게 발견할 수 있다.

어머니 정겨운 그 이름에/ 왈칵 가슴 저며오는 공허함을/ 못내 그리움으로 달래어 본다//
늘상 가슴 따뜻한 깨우침으로/ 지혜롭게 살라던 어머

니 잠언箴言은/ 세월 벽 물발에 부딪쳐도/ 불러보는
흐느낀 심사心思로/ 그렇게 많이도 흘러서 왔다//
풀어 헤진 치마끈 졸라매신 몸으로/ 밀방아 찧어 채
로 치시어/ 밀가루에 콩가루 반죽하셔//
안반 위의 홍두깨질 하신/ 그때 그 모습 아련 아련 마
음에 맺혀/ 아직도 또렷이 그 형상은 눈에 아리 운다//
밀가루 정성껏 뿌려 다시 밀어/ 날렵하게 가지런히
썬 칼질 소린/ 다시 보고픈 여울져 어울린 환상의/
그리운 미련 엮인 몫으로 남아//
지금도 울컥 생각나는 그때 그 손놀림/ 다시 보고파
억장 내려앉는/ 정감情感 어린 결정체의 절정은/ 체취
묻어나는 맛깔스런 솜씨로 이어져//
또다시 어머니 보고픈/ 뜨거운 한스런 눈물 어리운
애달픈 하소연은/ 포근하게 보담아 길러주신 사랑의
손길/ 체취 묻어난 젖가슴에 파고들어 안기고파//
목숨처럼 소중한 어머니를/ 겨울 초입初入에서 나직이
불러보다가/ 동지섣달 긴긴 밤 지새워 빛바랜 영정影
幀 앞에/ 다시 한 번 흐느껴 목 메이도록 불러본다//

- <어머니 정감情感 어린 향기> 전문

특히 소중한 인간관계에서 시의 종자를 발아(發芽)시켜 어머니라는 모성의 변형을 거쳐 상징적으로 대지의 이름을 갖게 되는 존재, 즉 혈연의 소중함을 일깨워 〈어머니 정감(情感) 어린 향기〉에 담아내고 형상화 시켜 “또다시

어머니 보고픈/ 뜨거운 한스런 눈물 어리운 애달픈 하소연은/ 포근하게 보담아 길러주신 사랑의 손길/ 체취 묻어난 젖가슴에 파고들어 안기고파// 목숨처럼 소중한 어머니를/ 겨울 초입에서 나직이 불러보다가/ 동지섣달 긴긴밤 지새워 빛바랜 영정影幀 앞에/ 다시 한 번 흐느껴 목메이도록 불러본다."와 같이 고정의 틀로 확장하여 '생명의 본원이요, 모성인 어머니'를 시적 매개물로 격정의 정감을 눈물겹게도 절제시켜 감미로운 서정성으로 다시금 회복시켜 보이다 못내 가슴 저려오는 힘겨운 고뇌는 눈물겹게도 역동성으로 빛나고 있다.

유년시절의 그 아득한 기억에 잠재된 마음이 항상 자리매김한 공간은 정신작업의 종사자에게 있어 정서적 양감(量感)의 표징인 고향에 빗대어지기에 장기웅 시인 경우에도 예외일 수 없다. "타향살이 그 얼마라도/ 고행한 고독 벗어// 따뜻한 내 고향/ 흙을 만져 인사 하리다(고향의 흙)"나 "뉘라서 사랑의 기쁨/ 참 사랑 맛 감미甘味로움/ 나에 사랑/ 가슴팍에 새겨 놓지 않으오리(내 마음 머무는 곳)"에서 확인되듯이 "난초 잎처럼 곡선 멋 그려있는/ 멋이 담긴 슬기라 보아주소서/ 물소리 새소리 듣고 파도/ 들을 수가 없는 형태이나(숲 속에 어울린 삶)"에서 발현되는 청정하고도 아아(峨峨)한 청산, 그리고 아름답고 조화로운 "같은 높이/ 꼭 닮은 모양/ 물꽃이 간지럽게 피어난다(호반의 풍경)"는 즉물적 현상을 통한 시적 발현(發顯)이 깊은 사유를 통하지 아니하고 일상의 생활을 안이하게 풀어쓴 듯하지만, 자신의 체험을 언어를 변형시켜 그만의 특이한 체취, 육성, 느낌에 의한 시적 수사와 시 의미로 빚어내고 마침내 자존감을 회복시키는 이미지의 형상화이기에 높이 평가해도 결코 지나치지 아니하다.

> 한천 맑은 물빛/ 그 물속에 첨벙 들어가 멱 감고/ 피라미 잡아 좋아라 웃음 지은/ 그때가 손에 집혀 간지럽다//
> 나에 집 하무실에서 지고개 넘어/ 서부학교 정문을 들어설 때/ 눈에 들어오는 운동장/ 떵그렁 찡그렁 들리는 종소리/ 팔순으로 가는귀에 쟁쟁하다//
>
> - <모교는 영원永遠하리>에서

이 같은 정신기후의 조성에 있어 '마음에 묻은 금가루도 먼지가 된다.'는 성철 스님의 법어처럼 정신적 궁핍보다 물질적 풍요를 소망하는 대다수 현대인을 위한 '자성의 일깨움'은 삶에서 오는 극명한 기쁨으로 인간이 맞닥뜨리는 모든 고통과 역경에 맞서는 긍정적 사유(思惟)의 가르침이다. 잠시 살아온 날을 뒤돌아보는 마음의 평정(平定)을 모국어의 속살을 통해 '그때가 손에 집혀 간지럽다, 팔순으로 가는귀에 쟁쟁하다' 라는 감미로운 시적형상화로 발현(發顯)시킨 그의 맑은 영혼과 날(刃) 푸른 신념의 드러남은 못내 신선해 감동적이다.

그렇다 다 그렇다/ 왔다가 가고 다시 돌아오는/ 자연 순환은 삶의 윤회라// 별스럽게 느끼다가도/ 전혀 무관심無關心한 태연에 묻히다가// 돌고 돌아오는 계절의 변화엔/ 삶의 모양 엇바뀌었더라// 네 삶의/ 순환이란 윤회가 그렇게 저렇게//

- <윤회輪廻>에서

모름지기 인간은 어떤 운명의 별 아래 태어나서 저마다 자신에게 허락된 십자가를 짊어지고 살아가는 존재이다. 우리네 짧은 생애를 통해 중요한 것은 '길은 가까이 있다.'는 맹자의 가르침처럼 삶의 일상에서도 흡족할 줄 알고 깨닫는 존재로 수분(守分)의 철학 또한 수시로 확인하여야 한다. 이 점에 있어 가을날 두물머리 해 저문 강에 노을이 질 때, '아흐, 아름답다.' 라는 감탄이 절로 울림하듯 삶이란, 함부로 낭비하기에는 너무 존엄하다. 이처럼 지극히 "자연 순환은 삶의 윤회"로 교시한 시적 형상화는 그 나름의 역동성을 지닌다. 그렇다. 서산대사의 "눈 덮인 들판 길을 걸어갈 때, 함부로 어지럽게 걷지 마라. 오늘 내가 가는 이 발자취는 뒷사람의 이정표가 될 것이다." 라는 가르침을 반복하여 되 뇌여도 결코 지나치지 않을뿐더러, 제3시집의 표제 시에 해당하는 〈물꽃이 세월에 애원(哀願)한들〉을 통해 보다 명백하게 입증된다.

가는 세월을 어찌하리/ 바람에 몸 부딪쳐 살다가/ 그 세월에 묻혀 버림이었지//
울고불고한들/ 멀리 간 세월 잡아 끄어 가지 말라 하리/ 이 몸 역시/ 한자리 머묾이 아니었으니/ 세월 따라 그저 그렇다 살다봐야지//
무슨 말 늘어놓아/ 가는 나날 붙들어놓으리/ 내 청춘 돌려 달라/ 물꽃이 세월에 애원哀願한들//
지난 세월에 매달려 울어 불러본들/ 애달프단 하소연 달갑게 들어주리/ 흘린 눈물만이 콧등에 닿음이었지//

- <물꽃이 세월에 애원哀願한들> 전문

한편 시적상상력의 확장에 의한 발상의 전환으로 그만의 열정적이고도 투명한 결과물로 "칡넝쿨은 어찌하여/ 내 손발 묶으라 하는 건가// 태평연월太平年月이/ 캄캄하게 서러워/ 꿈꾼 자리라 하는데(열린 문턱)"에서와 같은 접근은, 지혜로운 삶의 잠언(箴言)이기에 지극히 감동적이다. 특히 "예술에는 국경이 없지만, 예술가에게는 조국이 있다."는 평자의 소박한 지론처럼, 밝은 미래사회를 열어가야 할 삶의 일상에서 인간소외의 고통을 절감하는 이들을 향해 따뜻한 관심을 지녀야 한다. 때문에 장기웅 시인은 철학가답게 화자(persona)만의 아련한 유년의 기억 흔적을 한 장의 정신풍경으로 형상화하여 "푸른 하늘 푸른 마음/ 강산 변한 일곱 해/ 고향 생각은 한결같건만/ 어찌다가 흰머리 눈부시게 되었는가(가고픈 고향)"나 또는

"멀리 보이는 긴 머리 여인/ 겨울 산자락 뒤로한 채/ 어디로 총총 가고 있는가(봄이 오는 길목)"에서처럼 시적 대상이나 정감을 따뜻한 감성으로 꼼꼼하게 풀어내 보이고 있다.

특히 조상의 뼈가 묻혀 있는 산촌과 살을 부비고 살아가며 서정성과 미적 주권을 확립한 그는 동시대에 몸담고 있는 불행한 이웃에 대해 한결같은 사랑의 불을 지피는 지극히 감성적이며 예언자적인 정신작업의 종사자임에 틀림이 없다. 기실 우리의 삶에 있어 특정한 누군가와의 만남은 때로는 운명적이기에, 그 자신도 '때로는 물같이, 불같기도 하고, 때로는 바람 같기도 한 만남의 소중함'을 〈꽃망울 웃음〉을 통하여 "어떤 님의 손길에 걸려/ 산골에 시집온 동백나무/ 못내 서식지棲息地 눈에 밟혀/ 목 놓아 밤을 지새우네." 라며 미적주권이 확립된 서정성으로 나직이 읊조리고 있다. 더없이 서정시 쓰기가 힘겨운 우리 문단의 현상에서 머뭇거림 없이 "다정하게 오가는/ 꽃 웃음/ 입술에 머문 꽃말이 열리네(꽃 웃음)"나 또는 "혼자 가상한 술래 잡이와 숨바꼭질처럼/ 설레이고 설레인 애상愛像의 사모(내 가슴에 젖어든 사랑)"처럼 푸른 식물성 언어로 순수서정성을 꽃피워내는 그의 지난한 몸의 시학은 더없이 경이로울 뿐이다.

21세기 문화의 지역구심주의에 대한 정체성은 자긍심의 확립이기에 복효근의 시적 변명인 『누우 떼가 강을 건너는 법』에 대한 시적변명은 한번쯤 인식할 타당성이 따른다. 우리의 존엄한 삶에 있어 필연적인 만남은 인격 형성에 큰 영향을 미칠 뿐 아니라, 위대한 민족의 혼이나 사상을 심어주는 기연(奇緣)은 삶의 지침을 돌려놓기에 정신적으로 보다 삶을 눈부시게 하는 내적 풍요와 충만의 인자(因子)가 된다. 까닭에 따뜻한 정신기후를 조성하여주는 참 좋은 시인인 그에게 있어 조국에 대한 애정은 남다르다. 그 자신이 "조국애 피고 핀 가지/ 영원무궁 하여라. (무궁화)"고 나라의 꽃인 '무궁화'에 대한 각별한 관심사는 바로 삶의 일상에서 접하는 사물에 대한 그 같은 따뜻한 사물의 응시(凝視)와 섬세함은 인간소외의 경계허물기로 변형될 것이다. 이와 같이 어려움에 처한 인간소외의 아픔을 겪는 이들에게 삶의 소망이며 변주의 통로인 감미로운 예술작품을 통한 다이돌핀(didorphin)의 생성은 그만의 의미망을 지닌다.

모름지기 삶이 공존하는 공간과 시간대에서 부단한 수고와 노력을 요하는 정성스러운 결과물인 까닭에 생명의 촛불이 다 연소되기 전에 인간과 진리, 그리고 자신에 대해서 열정을 쏟던 젊은 날의 순수한 감동이 대륙의 심장에 깊이 자리매김한 탓이기에, "바람이 오는 날엔/ 밝은 빛 잎새마다/ 맑게 살라 할리니(생명 끈)"에서나 "가슴으로 포옹하고 싶은/ 냉랭한 겨울 녹일 열기(보고 싶은 얼굴)"로 명증되고 있다. 존재감을 회복하는 삶의 일상에서 지극히 감동을 눈물겹게 파상적으로 회복시키는 심성이 선한 그에게 허락된 삶은 보편적으로 밝은 미래사회를 추구하는 일관된 노력으로 '창조적 극소수'의 긍정적 삶의 눈부신 편린(片鱗)과 잇닿아 있다. 뿐만 아니라 꼬인 전통의 실타래를 풀어가며 항시 정신기후와 시적 토양을 따뜻하고 풍요롭게 조성하려는 좋은 시인은 독자의 시대적 요청에 부응하며 어느 만큼의 만족을 감동으로 이행시키는 존재이어야 한다. 차지에 "어제는 역사이고, 내일은 신비이며, 그리고 오늘은 선물이다. 그렇기에 우리는 현재(present)를 선물(present)로 인식하여야 한다." 일단, 여기서 표현론자들은 문학을 작가의 내면인식에서 꿈틀거리는 심리적 충동이나 상상력에 의해 이루어지는 것으로 이해하고 있음은 간과치 말아야 한다. 앞서 그리스의 칼릴 지브란이 『예언자』에서 "사랑이 그대들 두 영혼의 기슭 사이에서/ 출렁이는 바다가 되게 하십시오./ 함께 서 있되 너무 가까이는 서있지 마십시오./ 사원의 기둥들도 떨어져 있고,/ 참나무와 삼나무도 서로의 그늘 속에서는/ 자랄 수 없기 때문이다." 라는 기술은, 급기야 "내 비록/ 눈여겨보아 주지 않는/ 민들레지만/ 계절엔/ 민감한 삶이 있네.(민들레)"에서 확인되어지듯 그의 담백한 시격(詩格)에 맞물려 있기에, 충직한 이 땅의 소외계층에 대한 경계 허물기라는 또 다른 관심사이기에 실로 눈물겹다 할 것이다.

3. 인식의 전환과 긍정적 사유(思惟)

19세기 베를린대학의 총장을 역임한 피히테(Johann Fichte)는 「독일 국민에게 고함」이라는 논고를 통해 놀랍게도 황폐화 되는 독일의 근대화를 한 세기 앞당기며 민족혼을 일깨운 인물이다. "독일인은 본래의 주소를 바꾸지 않지만 다른 민족은 그 주소를 바꾸고, 독일인은 본래의 국어를 유지하고 이것을 발달시켰으나, 독일국민에게서는 다른 어떤 국민에게서 보이지 않는 본원적인 생명의 샘이 흘러나오고 있다."는 지적은 세계화를 지향하는 오늘의 우리에게도 충격적인 교훈을 일깨워주기에 피히테의 깊은 통찰력은 보편적 진리로 해석되어야 할 것이다.

초가와 기와집/ 옛 자리 모두가 어디로 갔나/ 사각 건물 치솟아나 형성한 군락/ 그토록 가슴 저리게 힘겨워 살던//
그 시절 그때 그 님들 다시 돌아오신다면/ 산전벽해山田碧海 여기가 어디냐/ 누군가에 되묻고 싶은 충동衝動에/ 마냥 구절장단 입소리 춤을 추오리라//

- <건물 숲 자리>에서

따라서 확고한 역사의 정체성이나 건강한 비판정신 없이 비생산적인 문제를 끊임없이 제기하는 정객들이 넘쳐나는 암울한 이 땅의 현상에서, 충직한 이 땅의 독자들은 장기웅 시인이 〈건물 숲 자리〉를 통하여 “사각 건물 치솟아나 형성한 군락→산전벽해(山田碧海) 여기가 어디냐”라는 도식에 의한 도시의 현대화에 한번쯤은 생각의 속도에 대해서도 곱씹어 보아야 한다. 이것은 지식과 정보가 광속으로 전파되는 지식·정보화 사회에 몸담고 있음으로 하여 다양한 정보의 공유로 정신적 공해를 입은 현대인의 대처능력에 대한 창조적 사고에도 이목(耳目)을 집중해야 치열한 시장원리를 극복할 수 있다. 한편 총체적으로 우리가 직면한 위기적인 상황은 도전과 실험정신으로 적극적으로 대응할 때야 극복할 수 있고, 이처럼 역경을 극기해야만 변화·발전된 단계의 선진사회로의 자리 매김은 자명할 것이다. 인류의 역사는 혼돈 속에서도 발전을 거듭해 왔기에, 민족의 큰 어른이었던 함석헌 옹의 〈그 사람을 가졌는가〉 라는 시편을 심장에 새겨 “온 세상의 찬성보다도/ ‘아니’ 하고 가만히 머리 흔들 그 한 얼굴 생각에/ 알뜰한 유혹을 물리치게 되는/ 그 사람을 그대는 가졌는가.”와 같이 절대적인 존재자를 소유하여야 하고, 따뜻한 감성에 꿈같은 가슴 설렘으로 다이돌핀(didorphin)을 감미롭게 쏟아줄 일상의 감동을 회복해 나가야 한다.

이와 같이 내적 충만인 깊은 사유를 통하여 ‘일상의 평안과 영혼의 치유를 위한 상생의 해법’을 모색한 끝에 장기웅 시인은 눈부신 자신만의 결정체를 세상에 빚어 놓았다. 무엇보다 신뢰성의 회복을 확신하는 그 자신은 놀랍게도 오랜 날 견고한 고독 앞에서도 따뜻한 정신기후를 조성하기 위하여 고뇌하며 대한민국 국민의 자존감을 놀랍게 회복시켜준 은반(銀盤)의 요정 김연아 선수를 "은반 위 깃털처럼 부드러운 그녀 으뜸/ 힘차게 솟구쳐서 팽이처럼 돌고 돌아/ 감동의 한순간 맞아 지구촌 위를 넘나든다(은반 위 여신女神)"에서 그날의 감동을 새삼 비정한 이기주의의 시대에 몸담고 있는 우리들에게 강렬하게 극찬하고 있다. 그렇다. 우리가 무심하게 흘려버린 오늘은 앞서 간 어제의 그들이 그렇게 목숨처럼 소중한 미래의 시간대였음을 기억할 일이다. 그의 시편 "원근으로 보고 보아도/ 이 강산 아름다움/ 내 조국 땅 위/ 한가로운 아름다운 숨소리/ 늘 푸르게 살아 가렸네라(나의 조국)"는 정감과 시적의지로 법정 스님의 유지문(遺志文)인 "내생에도 다시 한반도에 태어나고 싶다. 누가 뭐라 한대도 모국어에 대한 애착 때문에 나는 이 나라를 버릴 수 없다."를 심장에 새겨 줄 것을 기대할 뿐이다. 까닭에 "쫓겨났구나/ 사랑에 보금자리/ 우중에 쫓겨났구나// 겨울 녹인 봄비 맞아도/ 사랑 여윈 가슴앓이처럼/ 하염없이 내린 빗줄기/ 피하지 못한 채(비둘기 너는)"에서 참담한 '성북동의 비둘기'가 다시금 연상되어지듯 소외된 인간관계의 회복과 오염된 바다를 2-3%의 염분이 정화시키듯 이 시대의 '진정한 극소수의 창조자로서 시대적 소임'을 엄숙하게 수행하여 줄 것을 조심스럽게 기대할 뿐이다.

결론적으로 온유한 심성의 소유자인 장기웅 시인은 창조적 언어, 영혼의 잠식과 시 의미, 그리고 언어의 심연을 위해 갈등구조가 내재된 삶의 처소에서 자신의 시혼을 당당히 펼쳐내고 있다. 그 같은 인자(因子)로 모든 강물이 합일하여 '생명의 본원'인 바다에 이르는 일체의 대상을 끌어안고 포용하는 대의(大義)로 '자신의 체취와 음성, 느낌'을 눈부신 시어로 빚어내는 지난(至難)한 몸의 시학은 오래 기억될 것이다. 모쪼록 그에게 기대되는 평자의 소박한 바램이라면, 홀로 아득한 사유(思惟)를 합리적으로 통용하되 미끄러짐의 시학에 근거하여 시적 고뇌를 긴장의 끈을 늦추지 말아야 함은 물론, "창조자의 이름에 합당한 것, 신과 시인 말고는 없다."는 지적처럼 세상적인 연륜과는 무관한 영감의 비의(秘義)를 해명하는 '순수서정시의 초병(哨兵)'으로서 시대적 소임을 올곧게 실천궁행할 것을 절박한 심사(心思)로 소망한다.

어머니 정감 어린 향기

인쇄 2014년 4월 24일
발행 2014년 4월 30일

지은이 / 장 기 웅
펴낸이 / 김 창 석
펴낸곳 / 홍익출판사

주소 / 대구시 중구 동덕로26길 78
전화 / 053) 421-6700, 427-3627
팩스 / 053) 423-5965
등록번호 / 1987년 11월 26일 제1-107호
E-mail / hongick88@hanmail.net

정가 10,000원

ISBN 978-89-7826-256-9 03800

• 잘못 만들어진 책은 교환해 드립니다.

이 도서의 국립중앙도서관 출판시도서목록(CIP)은 서지정보유통지원시스템 홈페이지(http://seoji.nl.go.kr)와 국가자료공동목록시스템(http://www.nl.go.kr/kolisnet)에서 이용하실 수 있습니다.
(CIP제어번호 : CIP2014014038)